Lothar Seiwert

Kursbuch Lebens-Zeit

Wie Sie den Fahrplan für Ihre Lebens-Balance bestimmen

SEIWERT / INSTITUT

TIME-MANAGEMENT UND LIFE-LEADERSHIP

Titelaufnahme

Kursbuch Lebens-Zeit – Wie Sie den Fahrplan für
Ihre Lebens-Balance bestimmen / Lothar Seiwert. -
2. Aufl., Heidelberg: Seiwert-Institut GmbH, 2002
(1. Aufl. u.d.T. „Chronos" in der Ravensburger Think-Reihe)
ISBN 3-00-009232-3

Mein besonderer Dank gilt der Ravensburger Spieleverlag GmbH,

die von 1999 bis 2001 unser Think-Spiel „CHRONOS" veröffentlicht

und freundlicherweise zugestimmt hat, das von mir verfasste Begleitbuch

in der vorliegenden Form erneut zu veröffentlichen (www.think-online.de).

LOTHAR SEIWERT (www.seiwert.de)

2. Auflage 2002

ISBN 3-00-009232-3

Inhalt

Willkommen bei Kairos!

GEHIRN-MODELL:

Weitere Informationen zum Thema „Gehirnhälften" finden Sie in dem Klassiker:

- *DAS „NEUE" STROH IM KOPF?*
von Vera F. Birkenbihl, Offenbach: Gabal-Verlag

Die alten Griechen hatten zwei Götter für die Zeit, CHRONOS und KAIROS. Wie zwei ungleiche Brüder aus derselben Familie deckten sie zwei Seiten einer Medaille ab:

- Zum einen hat die Zeit eine QUANTITATIVE Dimension. Wir sind pünktlich und erledigen eines nach dem anderen in „chronologischer" Abfolge. Diese CHRONOS-Zeit lässt sich mit Uhren messen – wir sprechen auch von „Chronometern" – in Stunden, Minuten oder gar Tausendstel Sekunden. In Ihrem Gehirn arbeitet hier aktiv die LINKE HIRN-HÄLFTE. „Zeit ist Geld" (Benjamin Franklin).

- Zum anderen weist die Zeit eine QUALITATIVE Dimension auf, die von der RECHTEN HIRNHÄLFTE beeinflusst wird. Es ist dies der Moment des günstigen Augenblicks, die ganzheitliche Zeitverwendung, der Wille, auch dem Ungeplanten seine Bedeutung einzuräumen und seinen Wert anzuerkennen. Es handelt sich hier um KAIROS-Zeit, die mit Er-Leben, Genießen und Gefühl zu tun hat.

„Zeit ist Leben, und Leben ist Zeit!"
Sprichwort

In der griechischen Mythologie wurde KAIROS durch eine männliche Gestalt mit einem langen Zopf dargestellt – eine Haarpracht, die durchaus wieder modern ist. Im Gegensatz zu CHRONOS erschien KAIROS jedoch nicht allen Menschen.

KAIROS tauchte unvermittelt und völlig unvorhersehbar auf, um uns eine günstige Gelegenheit zu zeigen oder einen unwiederbringlichen Augenblick zu bescheren, etwa die Begegnung mit einem besonderen Menschen, einen kreativen Gedanken oder einen anderen glücklichen Lebensmoment – unter einer Bedingung: Wir mussten in der Lage sein, diesen besonderen Zeit-Moment, wenn KAIROS vor uns stand, überhaupt zu erkennen und zu handeln, indem wir ihn sofort an seinem Zopfe festhielten – um so diese Gelegenheit im wahrsten Sinne des Wortes zu ergreifen.

Wer vermochte, in der von Eile und Hektik geprägten CHRONOS-Zeit auch den KAIROS zu sehen und zu greifen, dem erschien er gerne und – wie es in der bekannten Fernsehwerbung für alkoholfreies Bier so schön heißt – „nicht immer, aber immer öfter". Zu den anderen Menschen kam er nach einigen Anläufen jedoch gar nicht oder vielleicht nie mehr. So sprechen wir noch heute davon, eine Sache „beim Schopfe zu packen".

In unserem Kursbuch „Lebens-Zeit" lernen Sie sowohl CHRONOS als auch KAIROS optimal zu nutzen. Es gewinnt im Leben nicht unbedingt der Schnellste, sondern derjenige, welcher beide Aspekte der ZEIT am besten miteinander zu vereinbaren weiß. Diese Erkenntnis ist nach wie vor aktuell:

TALMUD

„Wenn nicht jetzt – wann dann?"

„Eile mit Weile!"
Sprichwort

Zeit- und Speed-Management

TILL EULENSPIEGEL

Als Till Eulenspiegel mit seinem Bündel Habseligkeiten zu Fuß zur nächsten Stadt wanderte, überholte ihn eine recht schnell fahrende Kutsche. Der Kutscher, der es sehr eilig zu haben schien, rief: „Wie weit ist es bis zur nächsten Stadt?"

„Wenn Ihr langsam fahrt, eine halbe Stunde – wenn Ihr schnell fahrt, zwei Stunden, mein Herr!", antwortete Till Eulenspiegel.

„Du Narr!", schimpfte der Kutscher, griff zur Peitsche und trieb die Pferde noch heftiger an.

„Wenn du es eilig hast, gehe langsam."
Alte Chinesische Lebensweisheit

Das Geschwindigkeitsrad dreht sich immer schneller. Jeder will alles sofort, am liebsten schon vorgestern. Immer mehr Menschen klagen über erhöhten ZEITDRUCK, und viele haben das Gefühl auf der Überholspur zu leben.

Nicht die Großen dominieren die KLEINEN,
sondern die *Schnellen* überholen die Langsamen.

Die Managementexperten sprechen von einem Zeitalter des „Speed Management" oder „High-Speed Management". SPEED MANAGEMENT steigert in der Wirtschaft den Arbeitsdruck auf die betroffenen Mitarbeiter. Größere Schnelligkeit bedeutet, ein vergleichbares Arbeitsergebnis in kürzerer Zeit erbringen zu müssen bzw. die Qualität und Geschwindigkeit seiner Arbeit noch zu steigern. Dazu müssen eine höhere Verantwortung und steigende Erwartungen im Hinblick auf die Eigeninitiative und die Kreativität bewältigt werden.

Speed Management als Wettbewerbsfaktor ist andererseits strategisch wichtig. Unternehmen können sich je nach Dynamik und Erfordernis der Marktsituation weiterentwickeln. Sie werden als lernende Organisation immer schneller und flexibler reagieren können.

Doch *Schnelligkeit* braucht auch
Langsamkeit.

– wie die Geschichte mit „Till Eugenspiegel" zeigt …

Die Kutsche fuhr mit erhöhtem Tempo weiter und Till Eulenspiegel ging weiter seines Weges daher. Die Straße hatte viele Schlaglöcher. Eine Stunde später fand er eine Kutsche, die offenbar mit einem Schaden im Straßengraben lag. Die Vorderachse war gebrochen und der Kutscher fluchend damit beschäftigt diese zu reparieren.

Der Kutscher blickte Till Eulenspiegel vorwurfsvoll an, worauf dieser nur anmerkte: »Ich sagte Euch doch: Wenn Ihr langsam fahrt, eine halbe Stunde …«

Mit zunehmender Verbreitung der Tempo- oder Geschwindigkeitskultur werden „Entschleunigung", Mut zur LANGSAMKEIT und die Abkehr vom Tempowahn gefordert. Weniger arbeiten kann nicht nur produktiver sein, sondern letztlich zu besseren Entscheidungen führen. Langsamkeit ist noch notwendiger geworden, Zeitlosigkeit und Stille sind wieder gefragt. Das Empfinden für natürliche Rhythmen und Eigenzeiten muss neu gelernt werden.

Der Beschleunigungsprozess ist offenbar an seine Grenzen gestoßen.

Die Rückkehr zu richtigen Zeitmaßen und natürlichen Zeitrhythmen schafft einen Ausgleich zwischen Langsamkeit und Tempo. 80 Prozent der Bundesbürger betonen, dass sich alles viel zu rasch verändere, „sie hätten es gern etwas gemächlicher". Mit zunehmender Beschleunigung klafft eine Lücke zwischen gelebter Zeitkultur und natürlichen Zeit- und Lebensrhythmen.

Eine Rückbesinnung auf die LANGSAMKEIT bedeutet, einen anderen, nämlich einen angemessenen Umgang mit der Zeit, das rechte Zeitmaß, zu finden – die Rückkehr zu einer natürlichen Zeitordnung.

Geht man historisch um einige hundert Jahre zurück, so gab es schon einmal einen ausgewogenen Wechsel von Ruhe und Aktivität. Natürliche Rhythmusgeber bestimmten die „innere Uhr" des Menschen, bevor technologische Innovationen das industrielle Zeitalter einläuteten.

Geht man noch weiter zurück, so waren es erst die mechanischen Uhren, die den Menschen eine unnatürliche, lineare Zeitordnung brachten.

Die Rückkehr zu einer natürlichen Zeitordnung, wo man sich „Zeit lassen" kann, ist wieder angesagt.

Wer in seinem Beruf beschleunigt oder gar gehetzt wird, benötigt als Ausgleich eine gehörige Portion an Ruhe, Entspannung, Zeit zum Abschalten.

„In der *Ruhe* liegt die KRAFT."

Buddhistische Weisheit

Die neue Hetz-Krankheit

„Gut Ding will Weile haben."

Volksweisheit

Die immer rasantere Technologie führt zu immer schnelleren Veränderungen. Mit Fax, PC-Modem, E-Mail, Internet und Satelliten-Kommunikation stehen wir ständig mit der Welt und untereinander in ECHTZEIT in Kontakt, und zwar mit immer weniger Zeitverzögerung zwischen Idee, Aktion und Reaktion. In unserer LEBENSZEIT wird alles unbeschreiblich schnell beschleunigt.

Die Informationsflut verdoppelt sich etwa alle zwanzig Monate.

Für die meisten von uns bedeutet dies, dass

- wir mindestens doppelt so viel Post, Faxe und E-Mails erhalten,
- von uns in der gleichen Zeit doppelt so viel verlangt wird,
- wir mehr als doppelt so viel Möglichkeiten haben, was wir als Nächstes tun können.

In den USA gibt es eine neue Krankheit namens Hurry Sickness (Hetz-Krankheit). HURRY SICKNESS wird durch den widersprüch-lichen Irrglauben ausge-löst, dass, wenn wir  einfach alles genug beschleunigen können, wir letztendlich auch „alles erreichen können".

Diese Einstellung führt zu chronischen Stresskrankheiten wie Herzbeschwerden, Arthritis, Magengeschwüren oder nervösen Spannungen.

Die meisten Menschen berichten über ihre FREIZEIT, dass sie unterm Strich weniger Zeit, weniger Entspannung und weniger Lebensqualität haben:

„Je mehr ich *hetze*, desto mehr gerate ich in Verzug!"

Kennen Sie dieses hoffungslose Gefühl? Sie gehen früher zur Arbeit und sind entschlossen alles aufzuholen, nur um dort erneut mit einer Flut von Krisen, Unterbrechungen und neuen Projekten konfrontiert zu werden. Am Ende des Tages haben Sie so hart gearbeitet, wie dies nur menschenmöglich ist. Dennoch konnten Sie kaum etwas von Ihrer Liste streichen.

Die meisten Leute leiden unter dem Druck, in kürzerer Zeit mit weniger Personal und geringerem Budget immer mehr zu schaffen.

Doch die HETZ-KRANKHEIT ist mehr als nur das Gefühl, sich ständig beeilen zu müssen und sich aus dem Karussell der täglichen Verpflichtungen befreien zu wollen.

Ebenso wie Pawlows Hunde lernten, zur unpassenden Zeit Speichel zu produzieren, wurden wir konditioniert uns unpassend zu beeilen.

Wie können wir feststellen, ob wir von der Hetz-Krankheit infiziert sind? Schauen Sie sich die folgende Liste mit typischen Symptomen an. Kreuzen Sie die Aussagen an, die auf Sie zutreffen.

„Speed"-Test:
Sind Sie von der Hetz-Krankheit infiziert?

❏ 1. *Ich fahre häufig mindestens zehn Stundenkilometer schneller als erlaubt.*

❏ 2. *Ich unterbreche andere und/oder beende ihre Sätze.*

❏ 3. *Auf Sitzungen werde ich ungeduldig, wenn jemand vom Thema abschweift.*

❏ 4. *Es fällt mir schwer, Menschen zu respektieren, die ständig zu spät kommen.*

❏ 5. *Ich beeile mich, um immer ganz vorn in der Schlange zu sein, selbst wenn es nicht darauf ankommt (z. B. als Erster aus einem Flugzeug auszusteigen, um dann länger am Gepäckband zu stehen).*

❏ 6. *Wenn ich in einem Laden oder Restaurant länger als einige Minuten auf die Bedienung warten muss, werde ich ungeduldig und gehe oder beschwere mich. Für mich ist Zeit Geld!*

❏ 7. *Im Allgemeinen betrachte ich diejenigen, die langsam sprechen, handeln oder entscheiden, als weniger fähig. Ich bewundere Menschen, die mit meinem hohen Tempo mithalten! Ich bin stolz auf meine Schnelligkeit, Effizienz und Pünktlichkeit.*

❏ 8. *Ich betrachte „Herumgammeln" als Zeitverschwendung.*

❏ 9. *Ich bin stolz darauf Dinge fristgerecht fertig zu haben, und würde lieber auf die Chance verzichten, ein Produkt zu verbessern, als eine Verspätung in Kauf zu nehmen.*

❏ 10. *Ich treibe meine Kinder und/oder meinen Ehepartner häufig zur Eile an.*

_____ = *Summe/Punktzahl*

AUSWERTUNG:

• *0 bis 3 Punkte: Glückwunsch! Sie bringen gute Voraussetzungen für eine gesunde Belastbarkeit mit und wissen bereits: „In der Ruhe liegt die Kraft."*

• *4 bis 6 Punkte: Sie leben bereits in einer Gefahrenzone. Setzen Sie sich mit unseren Vorschlägen auseinander und bemühen Sie sich um ein besseres, ausgewogenes Gleichgewicht zwischen Stressbelastung und entsprechenden Ausgleichsprogrammen (Erholung, Entspannung, Psychohygiene).*

• *7 und mehr Punkte: Die Hetz-Krankheit hat bei Ihnen bereits ein gefährliches Stadium erreicht! Sie sollten ab sofort Ihre Drehzahl konsequent reduzieren, bevor es zu spät ist.*

Was spricht gegen ein hohes LEBENSTEMPO? Viele denken, ganz vorn und der Erste zu sein, sei bewundernswert. Bei der Olympiade zeichnen wir diejenigen, die als Erste ins Ziel gehen, schließlich mit Goldmedaillen aus!

„Schneller - HÖHER - Weiter!"
Olympisches Leistungsprinzip

Das Problem ist nicht das Tempo an sich. Das Problem beginnt, wenn TEMPO zum einzigen Kriterium wird. Wenn Ihr Herz zu flimmern, d. h. schnell zu schlagen beginnt, wird das Blut blockiert anstatt durch das Herz gepumpt zu werden. Bei der HETZ-KRANKHEIT beeilen Sie sich, ohne zu bemerken, dass Sie möglicherweise den eigentlichen Sinn verfehlen. Nimmt man sich z. B. bei einem Telefongespräch nicht die nötige Zeit, kann man leicht das Zögern in der Stimme des Kunden überhören und demzufolge den Auftrag verlieren.

Am wichtigsten erscheint jedoch, dass Sie CHRONOS-gemäß durch Ihr Leben hetzen können, nur um anschließend festzustellen, dass Sie in Ihrer Eile nie genügend Zeit hatten, sich Familie, Freunden oder Ihrer Freizeit zu widmen oder all die schönen Augenblicke zu genießen, die das Leben erst lebenswert machen.

**Es ist nie zu spät für die Entscheidung,
sich zu ändern und sein Leben *anders* zu leben.**

„Sie haben nun Ihren Standpunkt klargemacht! Aber wie soll ich mich ändern, wenn ich mein ganzes Leben dafür belohnt worden bin, mich zu beeilen?"

Wenn Sie den Mut haben, Ihre eigene HETZ-KRANKHEIT zu erkennen und sich entscheiden, diesen zwanghaften Lebensstil durch eine Balance zwischen den einzelnen Lebensbereichen und Geschwindigkeiten auszugleichen, werden Sie Ihre Gesundheit, Ihre Leistungsfähigkeit und Ihre Lebensqualität verbessern.

Was Sie gegen die Hetz-Krankheit tun können:

1. Sehen Sie bei der Planung jedes Tages und jeder Woche bestimmte Zeitfenster vor, die ohne Uhr ablaufen.

2. Nehmen Sie abends oder am Wochenende Ihre Uhr ab.

3. Planen Sie Zeit zum Nichtstun ein.

4. Genießen Sie Tagträumereien, Männchen malen, ein Nickerchen machen oder das Dahintreiben.

5. Wenn Sie Ihren Tag, Ihre Woche oder Ihren Monat bewerten, belohnen Sie sich dafür, dass Sie ein Gleichgewicht zwischen „tun" und „sein" geschaffen haben, zwischen dem Erfüllen Ihres Arbeitspensums und dem Schnuppern an Rosen, zwischen Effizientsein und Bewusstsein.

6. Planen Sie ganz bewusst Perioden der Ruhe und des Schweigens in Ihr Leben ein. Hören Sie auf Ihren Körper, Ihre Gefühle, Ihre Intuition. Die Inspiration des Genies entspringt dem Schweigen.

Zeit- und Lebens- Management

„Die Zeit ist eine Uhr ohne Ziffern.“

Ernst Bloch

ZEITMANAGEMENT bedeutet eigentlich einen Widerspruch in sich. Wir können „Zeit" gar nicht „managen", sondern nur uns selbst. Zeitmanagement bedeutet Selbstmanagement. Denn die Zeit als konstante Größe verrinnt kontinuierlich, unerbittlich, unbeeinflussbar. Machen auch Sie sich bewusst:

Heute beginnt der erste Tag vom Rest Ihres Lebens, den Sie mit einem neuen Zeitbewusstsein beginnen können!

Halten Sie einmal kurz für ein paar Sekunden inne:

Was ist gerade passiert?

Aus vielen unserer Seminare wissen wir, dass Sinnfragen im Zeit- und Lebensmanagement viele Menschen immer mehr bewegen und ansprechen.

Ihre Lebensuhr ist wieder um ein paar Einheiten abgelaufen – unwiederbringlich! Schlimm? Wie auch immer Sie darüber denken, was Sie gerade dabei fühlen – Sie können es nicht beeinflussen.

Zeitmanagement umfasst weitaus mehr, als Posteingänge nach Prioritäten zu sortieren.

Zeitmanagement ist Selbstmanagement und aktive Lebensgestaltung.

Wir können nur den Umgang mit der Zeit nach unseren Vorstellungen pro-aktiv gestalten – oder es zumindest versuchen.

Übung: Ihre persönliche „Time Line"

Stellen Sie sich einen Zollstock aus Ihrem Werkzeugkasten oder Baumarkt vor, der jedoch keine zwei Meter, sondern nur 82 Zentimeter misst.

Noch besser: Nehmen Sie einen echten Zollstock und brechen Sie hinter dem vierten Glied (nach 82 Zentimetern) die restlichen Teile einfach ab! Legen Sie nun Ihren Daumen auf die Zahl, die Ihrem jetzigen Lebensalter entspricht.

Betrachten Sie die Zahlen links von Ihrem Daumen. Sie entsprechen der Vergangenheit, die hinter Ihnen liegt: ob freud- oder leidvoll – vielleicht beides – spielt jetzt keine Rolle mehr, denn Sie können diese Zeit nicht mehr zurückdrehen und ändern!

Viel wichtiger ist die Lebenslinie rechts von der Zahl, bei der Sie gerade sind:

- Wie groß ist die Entfernung bis zu Ihrem statistischen „Verfallsdatum"?

- Wie viel Zeit-Kapital haben Sie ungefähr noch zu Ihrer Verfügung?

- Was können und wollen Sie in Ihrer restlichen Lebenszeit erreichen?
  Sie haben es – im wahrsten Sinne des Wortes – in Ihrer Hand!

ZEITSOUVERÄNITÄT bedeutet, innerhalb der gegebenen Rahmenbedingungen, die Sie jedoch auch verändern können, Ihre Zeit und damit Ihr Leben nach Ihren eigenen Vorstellungen und Wünschen zu gestalten. Zeitmanagement in einer beschleunigten Welt bedeutet, Rhythmus statt Tempo zu leben und sich auf das zu konzentrieren, was wirklich wichtig ist, sowohl beruflich als auch privat:

Life-Leadership: Balancing Your Professional and Personal Life.

Auf Benjamin Franklin geht der bekannte Leitsatz über Zeit zurück: „Time is Money" – auf deutsch „ZEIT IST GELD". Dieser CHRONOS-Einstellung zur „Zeit" wollen wir die KAIROS-Sicht entgegensetzen: Time is Life, denn Zeit ist für uns wesentlich wertvoller als Geld, weil unwiederbringlich, „ZEIT IST LEBEN!"

Tempel der Zeit (5)

---

*Stellen Sie sich
vor, ein Bündel
mit Geldscheinen
flattert vor Ihnen
zu Boden: ein
Fünfhundert-
Euro-Schein und
viele Fünf-Euro-
Scheine.*

---

*Worauf würden
Sie sich zuerst
stürzen, wenn
auch andere
Passanten sofort
zugreifen dür-
fen? –*

---

*Auf den großen
Schein natür-
lich?*

---

*Das wäre „effek-
tiv", und das
täte jeder andere
genauso!*

Das wahre Kernproblem des Zeitmanagements liegt darin, dass wir in der DRINGLICHKEIT des Arbeitsalltags vornehmlich in operative Hektik zu verfallen drohen und so unsere LEBENSPRIORITÄTEN leicht aus dem Auge verlieren.

Jeder um uns herum will alles sofort, am liebsten schon vorgestern.

Um die wirklich wichtigen Dinge wollen wir uns dann kümmern, wenn wir endlich einmal „Zeit haben" – und diese persönliche Auszeit haben wir im Grunde genommen: Nie!

Es gibt Wichtigeres als Dringlichkeit. Aber häufig braucht es *Dringlichkeit,* wenn man das Wichtige schaffen will.

OPERATIVES ZEITMANAGEMENT mit Terminkalender, Zeitplanbuch oder Organizer kuriert an den Symptomen herum, löst aber keineswegs die wahren Ursachen des Zeitproblems! Diese Tools helfen Ihnen zunächst Ihren beschleunigten Arbeitsalltag besser in den Griff zu bekommen. Sie planen regelmäßig Ihren Tag, setzen eindeutige Prioritäten und gehen konsequenter mit Störfaktoren und Zeitdieben um. Ein so praktiziertes Zeitmanagement ist geeignet, Ihre EFFIZIENZ nachhaltig zu verbessern, nämlich das, was Sie tun, richtig zu tun. Wenn Sie sich jedoch auf die falschen Aktivitäten konzentrieren, sind Sie weiterhin im Zeitstress, jedoch wesentlich professioneller organisiert.

Offen bleibt, was Sie in dieser Zeit tatsächlich erreichen – und das ist keine Frage der Effizienz, sondern der Effektivität. Schon der amerikanische Managementguru Peter F. Drucker forderte in den sechziger Jahren sich vornehmlich auf die entscheidenden Prioritäten zu konzentrieren („First Things First"). EFFEKTIVITÄT bedeutet daher die richtigen Dinge zu tun.

EFFEKTIVITÄT versus EFFIZIENZ:
Effizienz heißt, die Dinge richtig tun.
Effektivität heißt, die richtigen Dinge tun.

Wer glaubt, mit dem Erwerb eines Zeitplanbuches oder dem Besuch eines Zeitmanagement-Seminars hinterher wirklich mehr Zeit als vorher zu haben, unterliegt einem Trugschluss. Denn die Zeit selbst können Sie nicht managen. Sie arbeiten dann sicherlich EFFIZIENTER, aber nicht unbedingt EFFEKTIVER. Entscheidend ist, für welche Aktivitäten Sie Ihr restliches Lebenszeitkapital einsetzen und ob Sie Ihrem Tun einen höheren SINN geben wollen.

Zeitmanagement wird so zum Lebensmanagement oder Life-Leadership.

Aber was haben Sie letzte Woche in Ihrem Job jeden Tag getan? Haben Sie sich auch auf die „großen Dinge", die „Big Points" oder Scheine konzentriert wie z. B. Maßnahmen zur Kundenbindung, oder haben Sie sich in vielen kleinen Nebensächlichkeiten verzettelt?

Zeit-Balance-Modell

„Man verliert die meiste Zeit damit,

dass man Zeit gewinnen will."

John Steinbeck

„Dafür habe ich im Moment leider keine Zeit!" – Wie oft haben wir diese Entschuldigung oder Lebenslüge schon gehört oder selbst gebraucht? Viele Menschen können sich nicht des Eindrucks erwehren, dass bei ihnen das Verhältnis zwischen Berufs- und Privatleben außer BALANCE geraten ist. Ein guter Freund erzählte mir von einem Vorfall, der ihn recht nachdenklich gestimmt hatte:

Die einseitige chronische **Überbetonung** eines Lebensbereichs führt zwangsläufig zu Problemen in anderen, ebenso wichtigen Bereichen.

GANZHEITLICHES ZEIT- UND LEBENSMANAGEMENT verfolgt das Ziel, für alle wichtigen Lebensbereiche – Beruf, Familie, Gesundheit und die Frage nach dem Sinn – nicht nur Zeit zu schaffen, sondern diese vier Bereiche auch in BALANCE zu bringen und zu halten.

ZEIT-BALANCE:

Vor kurzem rief mich ein alter Schulfreund an. Ich hatte schon lange nichts mehr von ihm gehört. Nun liegt er im Krankenhaus. Mit 43 hat er jetzt seinen ersten Herzinfarkt hinter sich. Fast hätte sich seine Frau von ihm getrennt. Nie hatte er Zeit für sie oder die Kinder. Immer ging der Beruf vor. Jetzt denkt er endlich einmal ernsthaft darüber nach, wie er in Zukunft sein Leben sinnvoller gestalten könnte.

Wichtige Anregungen für diesen Ansatz gehen auf Dr. Nossrat Peseschkian zurück, der in seinen transkulturellen Untersuchungen immer wieder vier Einflussfaktoren auf die BALANCE ZWISCHEN BERUFS- UND PRIVATLEBEN herausgearbeitet hat:

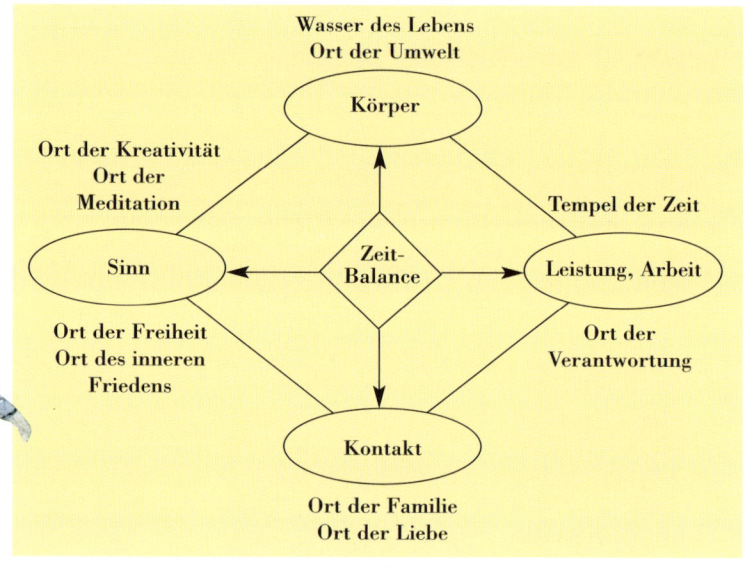

Das Zeit-Balance-Modell (nach Seiwert/Peseschkian)

Die einzelnen Lebensbereiche stehen in gegenseitiger ABHÄNGIGKEIT zueinander. Durch eine einseitige Überbeanspruchung im Beruf etwa werden die persönliche Wellness und Gesundheit ebenso wie private Kontakte oder Beziehungen vernachlässigt; ohne Stütze durch klare Wertvorstellungen und Sinnorientierung werden auf Dauer auch die persönliche Motivation und Fähigkeit zur Leistung rapide absinken.

Eine zu intensive zeitliche Betonung des Leistungsbereiches wird in der Regel zwangsläufig zur Vernachlässigung der anderen Bereiche führen. Diese Defizite beeinflussen wiederum die Leistung negativ, und damit wird letztlich „mehr eher weniger".

Übung zur persönlichen Lebens-Balance

Nehmen wir einmal an, die Summe aller vier Lebensbereiche betrage 100 Prozent. Versetzen Sie sich jetzt gedanklich in Ihre derzeitige Lebenssituation, d. h., betrachten Sie nicht die Wunsch-, sondern die tatsächliche Ist-Situation:

- *Wie viel Prozent Ihrer aktiven Zeit (= „Wachzeit", d. h. etwa ein Drittel „Schlafzeit" bleibt unberücksichtigt), Ihrer Energie und Priorität widmen Sie dem Bereich Arbeit und Leistung?*

- *Wie viel Prozent investieren Sie in den Bereich Körper und Gesundheit?*

- *Wie viel Prozent widmen Sie dem Bereich Kontakte und private Beziehungen?*

- *Zu wie viel Prozent beschäftigen Sie sich mit dem Bereich Sinn- und Zukunftsfragen?*

Teilen Sie die 100 Prozent möglichst spontan und schnell auf die vier Lebensbereiche auf.
Je länger Sie tüfteln und überlegen, desto unwirklicher wird das Ergebnis!

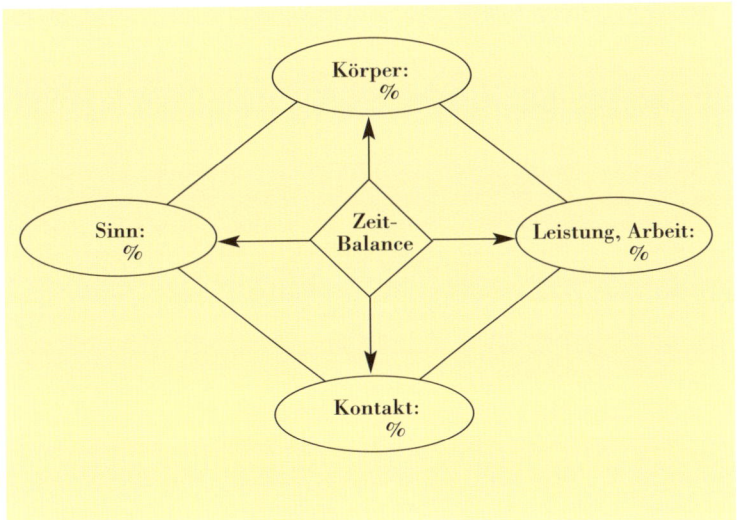

Bei
Leistung/Beruf
finden sich häu-
fig Werte um die
50, 60 oder 70
Prozent, manch-
mal auch mehr;
bei Sinn werden
meistens 5, 10
oder 15 Prozent
genannt – wenn
überhaupt.

Wie sieht Ihre derzeitige LEBENS-BALANCE aus? Unser Kulturkreis erweist sich weniger als Sinn- denn als LEISTUNGSGESELLSCHAFT. Sicherlich befinden sich die meisten von uns in der Lebensphase einer Erwerbstätigkeit und haben daher einen entsprechend hohen Wert im Leistungsbereich. Diese rein quantitative Ungleichheit im Sinne von CHRONOS erweist sich zunächst als ganz natürlich und normal. Das BALANCE-PROBLEM lässt sich jedoch nicht einfach rechnerisch lösen, etwa nach der Formel „100 geteilt durch Anzahl der Lebensbereiche" ergibt vier gleiche Teile zu genau 25 Prozent.

Die persönliche WOHLFÜHL-BALANCE im Hinblick auf die vier Lebensbereiche wird recht unterschiedlich wahrgenommen, und zwar in der subjektiven ZEITQUALITÄT – KAIROS lässt grüßen! Eine Stunde abendlicher Konzertbesuch mit Hochgenuss, die wie im Fluge vergeht, wird gewöhnlich anders und intensiver erlebt, als am Wochenende zehn Stunden lang die Unterlagen für die „heiß geliebte" Einkommensteuererklärung auszufüllen.

Ist ein UNGLEICHGEWICHT in ein oder zwei Lebensbereichen einge-
treten, so wirkt sich dies auch auf die anderen aus:

- Ein Zuviel z. B. im Bereich LEISTUNG/BERUF führt zu kleineren oder größeren psychosomatischen Störungen im gesundheitlichen Bereich, Konflikten bei familiären oder privaten Beziehungen bis hin zu Sinnkrisen.

- Die einseitige Betonung von LEISTUNG UND KÖRPER zeigt sich bei den weltbekannten „überzüchteten" Tennisprofis männlichen oder weiblichen Geschlechts, die sich von einer Verletzung zur nächsten quälen, an privaten Kontakten verarmen und irgendwann keinen Sinn mehr in diesem eingleisigen, unfreien Tun sehen.

- Ebenso endet der nur noch SINN SUCHENDE, der sich permanent auf dem Bewusstseinserweiterungs-Trip befindet, in einer dunklen Sackgasse oder dubiosen Sektengemeinschaft.

Der Schlüssel zum Erfolg liegt in der qualitativen Zeit-Balance zwischen ALLEN vier Lebensbereichen.

*Welche gesell-
schaftliche
Rangordnung
der vier
Lebensbereiche
vermuten Sie?*

In seinen Forschungen zur Psychosomatik, d. h. den gesundheitlichen Wechselwirkungen von Psyche, Körper und sozialem Umfeld, betont Nossrat Peseschkian die Notwendigkeit allen vier Bereichen genügend Zeit und Aufmerksamkeit zu widmen, um bereits im Vorfeld körperlichen Erkrankungen vorzubeugen. Für ihn ergibt sich eine klare Rangordnung der Bereiche in den westlichen Industrienationen:

Rang 1: Die Leistung

Hohes Engagement in Arbeit und Beruf, ein ausgeprägtes Verantwortungsgefühl für übernommene Aufgaben und der Wunsch, nicht nur auf dem Laufenden zu bleiben, sondern sich beruflich weiterzuentwickeln, führen zu intensiver Beschäftigung im Leistungsbereich.

Keine oder unrealistische Planung, unklare Prioritäten, ineffektive Arbeitsmethodik, Termindruck und ein schlechtes Gewissen wegen lange aufgeschobener Aufgaben sorgen dafür, dass auch mit Dienstschluss nicht einfach abgeschaltet werden kann.

Es kommt zu ZEITSTRESS: Probleme und Unerledigtes werden mit nach Hause genommen und erschweren es einem, die Freizeit zu genießen. Darunter leiden die übrigen drei Lebensbereiche.

Rang 2: Die Gesundheit

Gesundheit ist für viele Menschen so lange kein Thema, wie sie körperlich gesund sind. Stimmt es jedoch einmal mit diesem Lebensbereich nicht mehr, dann merken sie, wie wichtig Gesundheit ist. Immer mehr Menschen widmen daher – meist gezwungenermaßen – einen erheblichen Teil ihrer Zeit der Erhaltung oder Wiederherstellung der Gesundheit. Allerdings zu oft unter der Prämisse, dadurch eine noch höhere berufliche Leistungsfähigkeit freisetzen zu können.

Rang 3: Die Kontakte

Qualitativ hochwertige Kontakte zum Ehe- oder Lebenspartner, zu den Kindern, Eltern, Freunden, Arbeitskollegen und Mitmenschen werden oft nachhaltig gestört.

Flucht in die Arbeit oder hinter die Zeitung, berufliche Verpflichtungen, die den Dienstschluss hinauszögern, ein Zweitcomputer zu Hause, die „Pflicht", sich fit zu halten, überlange Fernseh-"Sitzungen" – sie alle nagen am Zeit-Kapital für diesen Bereich.

Immer mehr Menschen sind sich jedoch der drohenden Gefahr von Entfremdung und Isolierung im Kontakt-Bereich schmerzhaft bewusst geworden. Sie gehen deswegen dazu über, auch diesen Bereich bewusst zu pflegen.

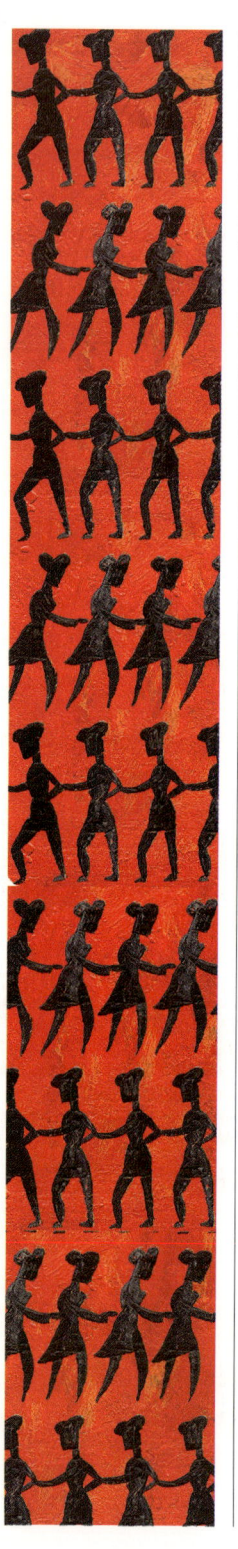

Rang 4: Die Frage nach dem Sinn

Nach der Einschätzung vieler Menschen wird der Frage nach den WERTEN, die unserem Leben Sinn geben, und den ZIELEN, die wir verfolgen, noch zu wenig Aufmerksamkeit gewidmet. Für eine wachsende Anzahl von Menschen nimmt die aktive Beschäftigung mit Fragen der eigenen oder familiären Zukunft, Umwelt, Zukunft der Menschheit und Fragen des Glaubens einen immer breiter werdenden Raum ein.

Ein solcher WERTEWANDEL ist heute in vielen Bereichen der Gesellschaft zu beobachten. Persönliche Werte werden zunehmend aus sinnerfülltem Leben und Zeit für die Freizeit und Familie abgeleitet. Statt der Überbetonung eines Bereichs wird Balance und Harmonie zwischen allen vier Bereichen angestrebt.

Pro Tag haben Sie nur eine begrenzte Anzahl von Stunden zur Verfügung. Jede Ausweitung eines Bereichs erfordert daher die Beschränkung eines anderen, mindestens aber die bessere Nutzung des kostbaren Kapitals „Zeit".

Life-Leadership hilft Ihnen, Ihre Zeit besser zu nutzen und Ihr Leben in Balance zu halten.

Selbsttest: Ihre momentane Lebenssituation

1. Kennzeichnen Sie in jedem Lebensbereich, wie intensiv dieser momentan bei Ihnen ausgeprägt ist.
2. Welcher Bereich ist augenblicklich überbetont?

_____

3. Wie wirkt sich das auf die einzelnen Lebensbereiche aus?

Gesundheits-Bereich:

_____

Leistungs-Bereich:

_____

Kontakt-Bereich:

_____

Sinn-Bereich:

_____

4. Welcher Bereich ist augenblicklich unterbetont?

_____

5. Wie wirkt sich das auf die übrigen drei Bereiche aus?

_____ -Bereich:

_____

_____ -Bereich:

_____

_____ -Bereich:

_____

Meine persönliche Zeit-Balance

SELBSTTEST „ZEIT-BALANCE"

Übertragen Sie dazu die Ergebnisse der vier Einzeltests auf den Seiten 37, 45, 53, 61 auf die jeweiligen Achsen durch entsprechendes Markieren.

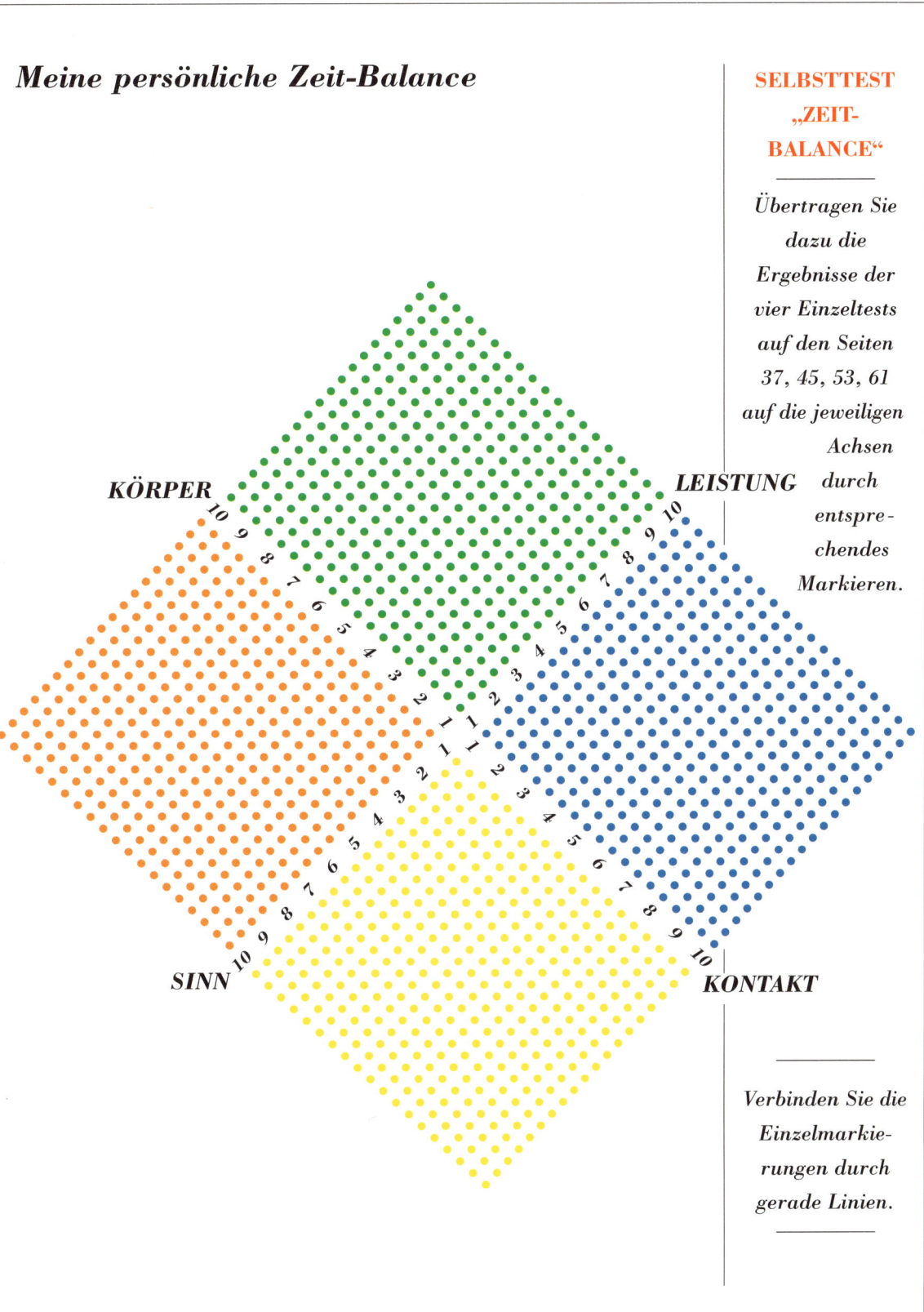

Verbinden Sie die Einzelmarkierungen durch gerade Linien.

Weniger ist mehr!

„Wer bedauert auf dem Sterbebett,

dass er nicht mehr Zeit im Büro

verbracht hat?"

Steven R. Covey

1. Das Problem: WARUM ist der Bereich wichtig?

Sie verbringen im Leistungsbereich – vorausgesetzt, Sie sind berufstätig – etwa die Hälfte Ihrer „wachen" ZEIT. Nicht immer wird sie effektiv genutzt, wie die nachfolgenden Beispiele zeigen.

Als Führungskraft oder Mitarbeiter/in verbringen Sie durchschnittlich 60 Prozent Ihrer beruflich genutzten Zeit mit KOMMUNIKATION.

- Schlecht vorbereitete und durchgeführte BESPRECHUNGEN erfordern nach einschlägigen Untersuchungen Zeitzuschläge von bis zu 80 Prozent!
- Unvorbereitete TELEFONATE dauern nach einer kanadischen Studie durchschnittlich fünf Minuten länger als vorbereitete. Bei nur zwölf Telefongesprächen pro Tag können Sie bei minimaler Vorbereitung – täglich eine ganze Stunde gewinnen!

Schwach ausgebildete SELBSTDISZIPLIN und mangelnde Konsequenz sind ein weit verbreiteter Zeitdieb im Büro:

- Zeitverluste bis zu 30 Prozent treten auf, wenn Arbeiten entweder vor sich hergeschoben (AUFSCHIEBERITIS) oder aber angefangen, jedoch nicht abgeschlossen werden.

STÖRUNGEN „knabbern" weiter an unserem Zeit-Konto:

- Durchschnittlich dauert es nur ACHT MINUTEN, bis Führungskräfte durch Störungen (erneut) von der Arbeit abgehalten werden.

Ein schlechtes ABLAGESYSTEM oder eine chaotische Schreibtisch-organisation kosten weitere wertvolle Zeit:

- Durchschnittlich dauert es bei mangelnder ABLAGE zehnmal länger, etwas wieder zu finden.

• „VOLL-TISCHLER" mit unübersichtlicher Schreibtischordnung verbringen deutlich mehr Zeit damit, Informationen wieder zu finden als „Leer-Tischler" mit einfacher, aber wirkungsvoller Schreibtisch-Systematik.

In unserer Informationsgesellschaft drohen wir, an der PAPIER-FLUT zu ersticken:

• Rund 50 PROZENT der umlaufenden betrieblichen Informationen sind nach verschiedenen betriebsintern durchgeführten Untersuchungen ÜBERFLÜSSIG.

Passen Sie nicht auf, werden diese „ZEITFRESSER" übermächtig und ziehen Ihnen Energie ab. Dann überrascht es nicht, wenn Sie abends „geschafft" nach Hause gehen – ohne das Gefühl etwas geschafft zu haben!

2. Die Analyse: Welche ENGPÄSSE habe ich?

Identifizieren Sie Ihre „Zeitprobleme" im BEREICH LEISTUNG/ARBEIT.

Selbsttest: Lebensbereich „Leistung/Arbeit"

1. BESPRECHUNGEN dauern relativ kurz, die Ergebnisse sind relativ gut greifbar.
   A ❑ fast immer   B ❑ häufig   C ❑ fast nie

2. TELEFONATE werden von mir effizient vorbereitet und durchgeführt.
   A ❑ fast immer   B ❑ häufig   C ❑ fast nie

3. DELEGATION klappt in der Regel richtig – andere erledigen Dinge, die ich nicht unbedingt tun muss.
   A ❑ fast immer   B ❑ häufig   C ❑ fast nie

4. Für die PLANUNG des nächsten Tages nehme ich mir ausreichend Zeit.
   A ❑ fast immer   B ❑ häufig   C ❑ fast nie

5. Ich setze klare PRIORITÄTEN und halte diese auch ein.
   A ❑ fast immer   B ❑ häufig   C ❑ fast nie

6. Ich SCHIEBE UNANGENEHME oder schwierige Dinge nicht auf, sondern erledige diese zu festen Terminen.
   A ❑ fast immer   B ❑ häufig   C ❑ fast nie

7. STÖRUNGEN habe ich so im Griff, dass der Abschluss meiner anderen Arbeiten nicht verzögert wird.
   A ❑ fast immer   B ❑ häufig   C ❑ fast nie

8. Übersicht und ORDNUNG auf meinem Schreibtisch sind vorbildlich.
   A ❑ fast immer   B ❑ häufig   C ❑ fast nie

9. Die tägliche PAPIERFLUT beherrsche ich, statt von ihr beherrscht zu werden.
   A ❑ fast immer   B ❑ häufig   C ❑ fast nie

10. Ich bringe genügend SELBSTDISZIPLIN auf, meine geplanten Aktivitäten auch konsequent zu erledigen.
    A ❑ fast immer   B ❑ häufig   C ❑ fast nie

Mein Gesamtwert: _____ **Punkte**

ERGEBNIS:

8 - 10 Punkte:
Ihr Zeitmanagement ist in diesem Bereich vorbildlich!

4 - 7 Punkte:
Sie versuchen im Leistungsbereich Ihre Zeit in den Griff zu bekommen – sind aber nicht konsequent genug.

0 - 3 Punkte:
Durch ganzheitliches Zeitmanagement werden Sie viel Zeit gewinnen.

☛ Übertragen Sie die Gesamtpunktzahl in das Balance-Modell auf Seite 33.

3. Der Weg: WIE fange ich an?

CHECKLISTE „LEISTUNG": Arbeits- und Zeitplantechniken auf einen Blick:

1. BESPRECHUNGEN

- Legen Sie Ziel, Besprechungspunkte, Anfang und Ende des Meetings fest und teilen Sie es den Teilnehmern mit.
- Beschränken Sie zu verteilende Unterlagen auf absolut Notwendiges.
- Fangen Sie pünktlich an und hören Sie pünktlich auf.
- Halten Sie während der gesamten Besprechung für alle sichtbar fest, welche Besprechungspunkte wie lange behandelt werden sollen und welche Maßnahmen durch wen bis wann erledigt werden sollen.

2. TELEFON

- Überlegen Sie sich, warum Sie anrufen wollen, wann Sie Ihren Gesprächspartner am besten antreffen werden und welche Unterlagen Sie für Ihr Gespräch brauchen.
- Geben Sie sofort den Grund Ihres Anrufs an.
- Geben Sie bei Rückrufen an, wann Sie erreichbar sind.

3. DELEGATION

- Teilen Sie Ihrem Mitarbeiter das „Warum" (Ziel), „Was" (Aufgabe), „Wie" (Art der Ausführung) und „Bis wann" (Termin) mit.
- Halten Sie die Vereinbarung in Ihrem Zeitplanbuch fest.

---

4. TAGESPLANUNG

- Schließen Sie Ihre Arbeit mit der Planung des nächsten Tages ab.

- Verplanen Sie maximal 50 Prozent der verfügbaren Zeit.

- Bestimmen Sie den Zeitbedarf für alle Aufgaben und überprüfen Sie, was Sie delegieren können.

5. PRIORITÄTEN

- Legen Sie bei der Tagesplanung die Rangfolge der zu bearbeitenden Aufgaben fest.

- Beginnen Sie am nächsten Tag mit Aufgabe „1", schließen Sie diese ab, fangen Sie danach mit „2" an, schließen Sie diese ab usw.

6. AUFSCHIEBERITIS

- Legen Sie eine Liste mit allen unerledigten Aufgaben an.

- Vergeben Sie dafür entsprechende Erledigungstermine.

- Versichern Sie sich – bei schwierigen Aufgaben – der moralischen Unterstützung anderer.

7. STÖRUNGEN

- Schützen Sie sich bei wichtigen Aufgaben und Terminen vor Störungen („Stille Stunde").

- Stimmen Sie mit anderen „stille Zeiten" am Arbeitsplatz ab, in denen Sie sich nicht gegenseitig stören.

Ort der
Arbeit
(2)

8. SCHREIBTISCH

- Legen Sie einen „Sofort"-Korb für heute unbedingt zu Erledigendes, einen „Pultordner" für die Wiedervorlage, einen „Lesen"-Korb für Infomaterial an.
- Werfen Sie so viel wie möglich nach dem Lesen in den Papierkorb.

9. PAPIERFLUT

- Markieren Sie Wichtiges farbig, um nochmaliges Lesen zu erleichtern.
- Leiten Sie Informationen für andere sofort weiter.

10. SELBSTDISZIPLIN

- Beginnen Sie erst dann eine neue Tätigkeit, wenn Sie eine Aufgabe komplett erledigt haben.
- Besinnen Sie sich immer wieder auf Ihre Ziele und arbeiten Sie konsequent an deren Realisierung.

4. Aktion: WAS setze ich um?

Nehmen Sie sich einige Momente Zeit, Ihre Vereinbarungen mit sich selbst zu stärken. Halten Sie schriftlich fest, was Sie konkret tun werden.

1. Welche VERÄNDERUNGEN werden Sie ab jetzt konkret vornehmen? (Beispiel: abends Tagesplanung vornehmen)

_____

_____

2. Was werden Sie tun, um für diese Maßnahmen ZEIT zu schaffen? (Beispiel: Aufgabe X an Herrn Y delegieren)

_____

_____

3. Welche inneren und/oder äußeren WIDERSTÄNDE könnten Sie daran hindern die Maßnahmen umzusetzen? (Beispiel: Trägheit, Müdigkeit, Termindruck)

_____

_____

4. Wie UNTERSTÜTZEN Sie sich, es dennoch zu tun? (Beispiel: Termin mit Sekretärin für gemeinsame Tagesplanung vereinbaren)

_____

_____

5. Wann machen Sie den ERSTEN SCHRITT? (Beispiel: heute Abend)

_____

_____

Ohne Gesundheit ist alles nichts

„Der Mann, der zu beschäftigt ist,
sich um seine Gesundheit zu kümmern,
ist wie ein Handwerker, der keine Zeit
hat, seine Werkzeuge zu pflegen."

Spanisches Sprichwort

1. Das Problem: WARUM ist der Bereich wichtig?

In keinem anderen Lebensbereich boomen die Kosten so stark wie im GESUNDHEITSWESEN. Sozialwissenschaftler befürchten, dass bereits zur Jahrtausendwende die Krankheitskosten in Deutschland die Höhe des gesamten Bruttosozialproduktes erreicht haben.

Wer also seinen Weg zu einer gesunden Lebensführung gehen will, darf nur wenig Unterstützung von außen erwarten. Auch wenn die Krankenkassen, insbesondere im Präventivbereich, HILFE ZUR SELBSTHILFE anbieten, wird der wesentliche Motor zur erfolgreichen Gesundheit der Einzelne selbst bleiben.

Vorbeugen ist besser als behandelt werden:

- Mit nur wenigen Minuten pro Tag können Sie viel für Ihre Gesundheit tun. Wir verfügen heute über mehr FREIZEIT, als unsere Vorfahren in ihren kühnsten Träumen anzunehmen wagten.
- Vorbeugende Maßnahmen (PRÄVENTION) sind nicht nur weniger zeitintensiv, sondern auch weitaus billiger als teure Krankenbehandlung.
- Gesund werden oder bleiben kann FREUDE machen – dafür sorgt ein überaus reiches Angebot an Maßnahmen für jeden Geschmack.

„Was du heute kannst besorgen, das verschiebe nicht auf morgen!"

Volksweisheit

Nach Untersuchungen von Dr. Peseschkian und seinen Mitarbeitern steht ERKRANKUNG oft erst am Ende eines sich über FÜNF STUFEN schleichend entwickelnden Prozesses:

1. Stufe:	Nervosität und Gereiztheit
2. Stufe:	Angst
3. Stufe:	Aggression/Depression
4. Stufe:	Funktionale Störungen
5. Stufe:	Organerkrankungen

Oft werden die VORWARNUNGEN bis zum Ausbruch einer Krankheit übersehen oder verdrängt. Schließlich bleibt dem KÖRPER nur noch die „Holzhammer-Methode": Er weigert sich weiter gute Miene zum bösen Spiel zu machen – wir werden krank.

Jede Stufe ist Warnsignal für die nächste.

Jede Stufe bietet uns die Möglichkeit zur aktiven Gegensteuerung.

2. Die Analyse: WELCHE Engpässe habe ich?

Schnelltest: GESUNDHEIT

(Bitte alle Fragen ehrlich beantworten; der Einzige, der sonst beim Schummeln überlistet wird, sind Sie selbst!)

AUSWERTUNG:

Sie erhalten für jede

A-Antwort:
1 Punkt

B-Antwort:
0,5 Punkte

C-Antwort:
0 Punkte

☞ *Übertragen Sie die Gesamtpunktzahl in das Balance-Modell auf Seite 33.*

Selbsttest: Lebensbereich „Körper"

1. Haben Sie sich gestern Zeit für Ihr FRÜHSTÜCK genommen (mindestens 15 Minuten)?

   A ❏ ja   B ❏ ausnahmsweise nein   C ❏ nein

2. KAUEN Sie mindestens 30mal, bevor Sie einen Bissen hinunterschlucken?

   A ❏ ja   B ❏ manchmal   C ❏ nein

3. Wie oft haben Sie während der letzten Woche mehrere FERNSEHSENDUNGEN hintereinander gesehen?

   A ❏ an max.   B ❏ an   C ❏ an
   3 Tagen   3-5 Tagen   über 5
                                            Tagen

4. Betreiben Sie regelmäßig SPORT?

   A ❏ ja   B ❏ manchmal   C ❏ nein

5. Reservieren Sie sich regelmäßig Zeit für „AKTIVE RUHE" (Entspannungsmethoden, Spaziergänge, Hobbys etc.)?

   A ❏ ja   B ❏ manchmal   C ❏ nein

6. Können Sie schnell und ohne Hilfsmittel (Fernsehen, Alkohol usw.) ENTSPANNEN?

   A ❏ ja   B ❏ manchmal   C ❏ nein

7. Bekommen Sie ausreichend SCHLAF?

   A ❏ fast immer B ❏ manchmal   C ❏ nie

8. Sind Sie bei Ihren derzeitigen Lebensumständen auf PHARMAZEUTIKA (z. B. Kreislaufmittel, Kopfschmerztabletten) angewiesen?

   A ❏ fast nie   B ❏ manchmal   C ❏ über-
                                            wiegend
                                            täglich

9. Wie BEWEGUNGSINTENSIV ist Ihr Beruf?

   A ❏ bewe-   B ❏ gelegentliche   C ❏ über-
   gungs-   Bewegung   wiegend
   intensiv   sitzend

10. Lassen Sie sich regeläßig (mindestens 1mal jährlich) grundsätzlich ärztlich untersuchen (CHECK-UP)?

   A ❏ ja   B ❏ manchmal   C ❏ nein

Mein Gesamtwert: _____ **Punkte**

ERGEBNIS:

8 - 10 Punkte: Sie nehmen sich ausreichend Zeit für Ihre Gesundheit. Trotzdem: nicht leichtsinnig werden. Beachten Sie die nachfolgenden Anregungen. Stärken Sie Ihre Gesundheit noch mehr.

4 - 7 Punkte: Sie wissen um die Bedeutung guter Ernährung, regelmäßiger Bewegung und Entspannung, nehmen sich aber zu wenig Zeit dafür. Lassen Sie sich durch die folgenden Tips zu mehr Aktivität anregen.

0 - 3 Punkte: Sie sind – zumindest laut Testergebnis – prädestiniert für gesundheitliche Probleme. Lassen Sie sich gründlich ärztlich untersuchen und gesundheitlich beraten.

☞ Übertragen Sie die Gesamtpunktzahl in das **Balance-Modell** auf Seite 33.

3. Der Weg: WIE fange ich an?

CHECKLISTE „GESUNDHEIT":

GESUNDHEITSÜBERPRÜFUNG

Nehmen Sie sich mindestens einmal jährlich Zeit für eine gründliche ärztliche Untersuchung. Schieben Sie Ihren Arztbesuch nicht auf.

_____

_____

_____

KÖRPERPFLEGE

Nehmen Sie sich morgens Zeit für eine Wechseldusche (warm-kalt), um Ihren Kreislauf zu stärken und sich für den Tag fit zu machen. Bürsten Sie Ihre Haut danach, um für gute Durchblutung zu sorgen.

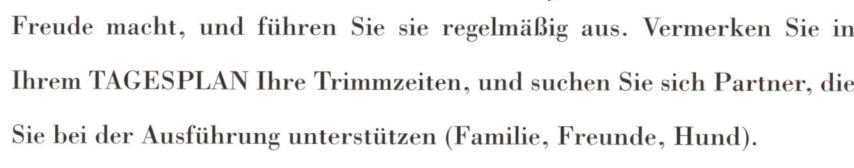

_____

_____

_____

BEWEGUNG

Wählen Sie eine Sportart aus, die Ihnen Freude macht, und führen Sie sie regelmäßig aus. Vermerken Sie in Ihrem TAGESPLAN Ihre Trimmzeiten, und suchen Sie sich Partner, die Sie bei der Ausführung unterstützen (Familie, Freunde, Hund).

_____

_____

_____

ENTSPANNUNG

Nehmen Sie sich nach der Arbeit und vor anderen Tätigkeiten 20 Minuten Zeit zum Abschalten (Spaziergang, Sport, Meditation etc.). Reduzieren Sie den Tagesstress durch aktive Entspannung (Hobbys, Entspannungsmethoden, Gespräche etc.).

_____

_____

_____

KÖRPERKONTAKT

Nutzen Sie die angenehmen Möglichkeiten der Partnermassage. Nehmen Sie sich Zeit für Zärtlichkeit und Sexualität.

_____

_____

_____

ERNÄHRUNG

Nehmen Sie sich Zeit für Ihre Mahlzeiten. Kauen und genießen Sie Ihr Essen. Achten Sie auf eine ausgewogene Ernährung (Rohkost, Vollwerternährung) und ausreichende Flüssigkeitsaufnahme (2 Liter/Tag).

_____

_____

SCHLAF

Sorgen Sie für ausreichend Schlaf (mindestens 7 Stunden).

_____

_____

4. Aktion: WAS setze ich um?

Nehmen Sie sich einige Momente Zeit Ihre Vereinbarungen mit sich selbst zu stärken. Halten Sie schriftlich fest, was Sie konkret tun werden.

1. Was werden ab jetzt genau tun, und zwar hinsichtlich:

- **GESUNDHEITS-CHECK:**

  _____

  _____

- **KÖRPERPFLEGE:**

  _____

  _____

- **BEWEGUNG:**

  _____

  _____

- **KÖRPERKONTAKT:**

  _____

  _____

- **ERNÄHRUNG:**

  _____

  _____

- **SCHLAF:**

  _____

  _____

  (Pro Tag mindestens eine Aktivität auswählen)

2. Was werden Sie tun, um sich dafür ZEIT zu schaffen?

_____

_____

_____

_____

3. Welche inneren und/oder äußeren WIDERSTÄNDE könnten Sie

abhalten, die gewonnene Zeit in Ihre Gesundheit zu investieren?

_____

_____

_____

_____

4. Wie werden Sie sich UNTERSTÜTZEN es dennoch zu tun?

_____

_____

_____

_____

5. Wann genau BEGINNEN Sie mit Ihrem persönlichen Gesund-

heitsprogramm?

_____

_____

_____

_____

Harmonie als Erfolgsfaktor

„Jeder Mensch hat seine guten Seiten.

Man muss nur die schlechten umblättern."

Ernst Jünger

1. Das Problem: WARUM ist der Bereich wichtig?

Ein harmonisches FAMILIENLEBEN ist die Quelle unseres Lebensglücks und die Antriebsfeder jeglichen Erfolgs. Nach Gail Sheehy gibt es keine allgemein gültigen Faktoren für Erfolglosigkeit im Beruf. Einer amerikanischen Studie zufolge blieb nur ein einziges Merkmal übrig, das bei erfolglosen Führungskräften gefunden wurde: Eine starke Vernachlässigung des Familienlebens.

Flucht in die Arbeit, in wenigen Fällen noch Maßnahmen zur Aufrechterhaltung körperlicher Gesundheit, wurde stets erste Priorität eingeräumt. Häuften sich berufliche Probleme, wurde der Zeitanteil für „Leistung" eher noch gesteigert, und zwar zu Lasten der übrigen Bereiche.

Die ABWÄRTSSPIRALE war vorgezeichnet:

- Probleme am Arbeitsplatz verstärkten bereits bestehende Spannungen im Privatleben und
- Schwierigkeiten zu Hause führten zu weiteren Leistungsabfällen im Beruf.

Stress, Mangel an Bewegung, Alkohol- und Medikamenten- sowie Drogenmissbrauch machten das Maß voll. Oft realisierten die Führungskräfte erst nach ihrem ZUSAMMENBRUCH, was passiert war:

- Familie oder Freunde hatten sich zurückgezogen.
- Die Gesundheit blieb auf der Strecke.
- Die Frage nach dem Sinn war oft jahrelang nicht gestellt worden.

Kaum jemand dankt der nun allseitig erfolglosen Führungskraft für die EINSEITIGE Überbetonung eines Lebensbereichs. Eine jüngst veröffentlichte amerikanische Studie belegt: „Ehepaare sprechen täglich vier Minuten miteinander".

> ### Pittsburgh -Studie:
>
> *Die meisten Menschen beschweren sich über chronischen Zeitmangel und verbringen doch den größten Teil ihres Alltags mit Dingen, die sie gar nicht tun wollen. Das geht aus der Studie einer Management-Beratungsfirma im amerikanischen Pittsburgh hervor. Der Präsident der Beratungsfirma, Michael Fortino, wies darauf hin, dass Ehepaare am Tag vier Minuten lang ein ernsthaftes Gespräch miteinander führten. Für ihre Kinder blieben ganze 30 Sekunden übrig.*
> *„Dabei sagen die meisten, dass ihnen die Familie wichtig sei."*

Oft denken wir nicht daran, dass BEZIEHUNGEN IM PRIVATEN BEREICH ebenso gepflegt werden müssen wie im beruflichen. Dazu kommt in vielen Fällen:

• Die Angst vor Konflikten mit dem Ehe-/Lebenspartner;

• die Furcht, sich verletzlich zu zeigen;

• eine „Mañana"-Einstellung, was die Beschäftigung mit der Familie angeht.

Die Folge: Das Familienleben und die Kontakte zu Freunden verkümmern.

2. Die Analyse: WELCHE Engpässe habe ich?

Schätzen Sie selbst ein, wie viel Aufmerksamkeit Sie dem KONTAKT-Bereich derzeit einräumen:

AUSWERTUNG:

Sie erhalten für jede

A-Antwort:
1 Punkt

B-Antwort:
0,5 Punkte

C-Antwort:
0 Punkte

☞ *Übertragen Sie die Gesamt-punktzahl in das* **Balance-Modell** *auf Seite 33.*

Selbsttest: Lebensbereich „Kontakt"

1. Welche Bedeutung haben im Allgemeinen SOZIALE KONTAKTE für Sie persönlich (Freunde, Nachbarn, Kollegen etc.)?

   A ❑ sehr wichtig   B ❑ mäßig   C ❑ unwichtig

2. Wie bewusst haben Sie die Beziehung zu Ihrem EHE- oder LEBENSPARTNER während der letzten drei Monate gepflegt (hinsichtlich Zeitaufwand, Aufmerksamkeit, Zärtlichkeit etc.)?

   A ❑ sehr intensiv   B ❑ etwas   C ❑ kaum

3. Haben Sie während des letzten halben Jahres regelmäßig den Kontakt zu Ihren ELTERN gehalten?

   A ❑ ja   B ❑ hin und wieder   C ❑ nein

4. Hatten Sie im letzten Jahr „außerhalb der Reihe" Zeit für Ihre VERWANDTEN (gilt nicht für die Teilnahme an besonderen Ereignissen wie Hochzeit, Taufe, Beerdigung, Weihnachten etc.)?

   A ❑ viel   B ❑ etwas   C ❑ nein

5. Haben Sie während der letzten Monate Ihre Beziehung zu Ihren FREUNDEN gepflegt?

   A ❑ ja   B ❑ unregelmäßig   C ❑ nein

6. Haben Sie gern GÄSTE bei sich zu Hause?

   A ❑ ja   B ❑ hin und wieder   C ❑ nein

7. Wie lange verweilen Sie im Allgemeinen auf BETRIEBSFEIERN, Empfängen, Diskussionsrunden oder ähnlichen Ereignissen?

   A ❑ sehr lange   B ❑ verschieden   C ❑ so kurz wie möglich

8. Beteiligen Sie sich selbst an gesellschaftlichen ORGANISATIONEN (z. B. Verein, Club, politische Partei, Bürgerinitiative)?

   A ❑ sehr intensiv   B ❑ mittel   C ❑ (fast) gar nicht

9. Haben Sie Kontakt zu Menschen aus anderen KULTURKREISEN?

   A ❑ viel   B ❑ manchmal   C ❑ selten oder nie

10. Wann sind Sie über Menschen, ihre persönliche Situation und LEBENSUMSTÄNDE informiert?

   A ❑ relativ schnell   B ❑ nach und nach   C ❑ relativ spät

Mein Gesamtwert: _____ Punkte

ERGEBNIS:

8 - 10 Punkte: Sie verfügen über eine hohe Kontaktfreudigkeit und sind ein geselliger Mensch. Achten Sie aber darauf, dass auch die anderen Lebensbereiche nicht zu kurz kommen.

---

4 - 7 Punkte: Sie kennen die Bedeutung zwischenmenschlicher Kontakte, gewinnen aber immer wieder Abstand zu anderen. Sie können die besondere Unterstützung und Förderung durch andere Menschen noch verbessern.

---

0 - 3 Punkte: Sie haben persönlich ein starkes Defizit im Kontakt-Bereich. Lassen Sie sich unbedingt durch die folgenden Tips sowie die weiterführende Literatur zur Stärkung Ihrer Beziehungskomponente anregen!

3. Der Weg: WIE fange ich an?

Nicht alle Menschen sind gleichermaßen wichtig für Sie. Ganzheitliches Zeit- und LEBENSMANAGEMENT bedeutet jedoch auch, bewusst Zeit für die Pflege der Beziehung einzuplanen, die Ihnen besonders am Herzen liegt.

KONTAKTVORBEREITUNG

- Nehmen Sie sich Zeit zum Abschalten nach der Arbeit (Spaziergang, Sport, Entspannung), um den „Zeitstress" zu reduzieren.
- Legen Sie sich eine Liste mit Punkten an, über die Sie nicht ausreichend mit Ihrem Ehe- oder Lebenspartner sprechen.
- Überlegen Sie sich, was Ihrem/r Partner/in wichtig ist und Freude bereitet.
- _____

KOMMUNIKATION

- Reduzieren Sie Ihre Kommunikationsdiebe (passives Fernsehen, „Sich-hinter-der-Zeitung-Verkriechen" etc.).

- Planen Sie regelmäßig Zeit für Aussprachen mit Ihrem Ehe- oder Lebenspartner ein (auch über die aufgelisteten Tabuthemen).

- Nehmen Sie sich Zeit gemeinsam mit ihm/ihr über die Sinnfrage nachzudenken.

- _____

GEMEINSAME AKTIVITÄTEN

- Halten Sie Ihr Wochenende und Ihren Urlaub möglichst frei von Arbeit.

- Schaffen Sie sich Zeit für Familienaktivitäten (Sport, Spiel, Gespräche, Essen)

- _____

4. Aktion: WAS setze ich um?

Nehmen Sie sich einige Momente Zeit Ihre Vereinbarungen mit sich selbst zu stärken. Halten Sie schriftlich fest, was Sie konkret tun werden.

1. Mit welchen für Sie wichtigen Menschen wollen Sie qualitativ hochwertige ZEIT VERBRINGEN (nicht zu viele, sonst reicht die Zeit nicht)?

_____

_____

2. Welche Ideen wollen Sie konkret in Ihrer BEZIEHUNG verwirklichen?

_____

_____

3. Was werden Sie tun, um für diese Maßnahmen ZEIT zu schaffen?

_____

_____

_____

_____

4. Welche inneren und/oder äußeren WIDERSTÄNDE könnten Sie daran hindern, die Maßnahmen umzusetzen?

_____

_____

_____

_____

_____

_____

5. Wie UNTERSTÜTZEN Sie sich, es dennoch zu tun?

_____

_____

_____

_____

_____

_____

6. Wann machen Sie den ERSTEN SCHRITT?

_____

_____

_____

_____

_____

_____

_____

_____

Werte suchen und finden

„Wenn das Leben keine Vision hat,

nach der man strebt,

nach der man sich sehnt,

die man verwirklichen möchte,

dann gibt es auch kein Motiv,

sich anzustrengen."

Erich Fromm

1. Das Problem: WARUM ist der Bereich wichtig?

„Mehr als ein Drittel der deutschen Manager-Elite weist deutliche Symptome von Realitätsverlust auf", zeigt eine Kienbaum-Studie auf. „Ziele, Zukunft und Sinn", heißt es weiter, „sind wichtige Erfolgsmerkmale widerstandsfähiger Manager."

Wie wichtig gerade in Krisenzeiten diese Variablen sein können, zeigt der bekannte Logotherapeut Victor Frankl in seinem Buch „Trotzdem Ja zum Leben sagen" auf. An einer Vielzahl von Studien an KZ-Häftlingen beschreibt er die Notwendigkeit einer klaren Zielsetzung in Krisenzeiten. Wichtigster Faktor, um selbst härteste Anforderungen zu überstehen, ist nach seiner Beobachtung, SINN IM (Über-)LEBEN zu sehen und über eine starke Wertorientierung zu verfügen.

WERTORIENTIERUNG

Glaube, die Liebe zum Menschen, politische Überzeugungen, Familienangehörige, die versorgt werden mussten, das Bedürfnis, Schwächeren hilfreich zur Seite zu stehen – all dies konnte nach Frankl einzelnen Menschen Sinn geben und ermöglichte ihnen ein Überleben unter menschenverachtenden Bedingungen.

AUFGABENORIENTIERUNG

Natürlich erreicht jeder von uns auch ohne Sinn gebende Wertvorstellungen Tag für Tag ZIELE: Wir führen Projekte zu Ende, laufen „unsere" fünf Kilometer oder nehmen am Elternabend teil. Gelingt es nicht, darüber hinaus übergeordnete WERTE zu erkennen, an denen eine Orientierung möglich ist, verliert bloße Aufgabenerledigung ihren befriedigenden Charakter und ermüdet nur noch. Für ein ganzheitliches Zeit-

und Lebensmanagement ist daher die Klärung von Wertvorstellungen Grundlage für alle folgenden Schritte.

Während ZIELE fast immer den „HABEN"-Gesichtspunkt in den Vordergrund stellen (zum Beispiel das Ziel einen neuen Wagen haben zu wollen), spiegeln WERTE den „SEIN"-Aspekt wieder, z. B. die Wertvorstellung finanziell unabhängig zu sein.

WERTE geben uns die Regeln und Prinzipien, nach denen wir unser Leben in BALANCE bringen und halten können. Haben wir uns Klarheit über unsere Wertvorstellungen verschafft, fällt es leichter daraus sinnvolle ZIELE zu entwickeln.

Aktive Schritte zur Umsetzung dieser Ziele können nun aus dem starken Gefühl der Klarheit und Sicherheit heraus getan werden. Decken sich WERTE und VERHALTEN, bietet sich uns die Chance zur Selbstverwirklichung.

AUSWERTUNG:

Sie erhalten für jede

A-Antwort: 1 Punkt

B-Antwort: 0,5 Punkte

C-Antwort: 0 Punkte

☛ *Übertragen Sie die Gesamtpunktzahl in das Balance-Modell auf Seite 33.*

2. Die Analyse: WELCHE Engpässe habe ich?

Schätzen Sie selbst ein, wie es um Ihre Ziele und Wertvorstellungen bestellt ist.

Selbsttest: Lebensbereich „Sinn"

1. *Haben Sie Wertvorstellungen, an denen sich Ihr LEBEN orientiert?*
   A ❑ *fast immer*   B ❑ *häufig*   C ❑ *fast nie*

2. *Überprüfen Sie regelmäßig Ihr VERHALTEN anhand Ihrer Wertvorstellungen?*
   A ❑ *fast immer*   B ❑ *häufig*   C ❑ *fast nie*

3. *Nehmen Sie sich täglich Zeit zum STILL-WERDEN (Frieden, Einheit der Menschheit, Umwelt, Glaube)?*
   A ❑ *fast immer*   B ❑ *häufig*   C ❑ *fast nie*

4. *Haben Sie Vertrauen in die ZUKUNFT?*
   A ❑ *fast immer*   B ❑ *häufig*   C ❑ *fast nie*

5. *Engagieren Sie sich für SINN-FRAGEN (Frieden, Einheit der Menschheit, Umwelt, Glaube)?*
   A ❑ *fast immer*   B ❑ *häufig*   C ❑ *fast nie*

6. *Sind Sie glücklich und zufrieden mit Ihrer momentanen LEBENSSITUATION?*
   A ❑ *fast immer*   B ❑ *häufig*   C ❑ *fast nie*

7. *Haben Sie langfristige Ziele für alle vier LEBENS-BEREICHE?*
   A ❑ *fast immer*   B ❑ *häufig*   C ❑ *fast nie*

8. *Sind diese Ziele SCHRIFTLICH fixiert?*
   A ❑ *fast immer*   B ❑ *häufig*   C ❑ *fast nie*

9. *ÜBERPRÜFEN Sie regelmäßig Ihre langfristigen Ziele?*
   A ❑ *fast immer*   B ❑ *häufig*   C ❑ *fast nie*

10. *Sprechen Sie mit Ihrer Familie, Ihren Freunden und/oder anderen MENSCHEN über Sinn-Fragen?*
    A ❑ *fast immer*   B ❑ *häufig*   C ❑ *fast nie*

Mein Gesamtwert: _____ **Punkte**

ERGEBNIS:

8 - 10 Punkte:
Sie haben im Allgemeinen keine Sinn-Probleme und sind auf dem besten Wege zu einem sinn- und gehaltvollen Leben.

---

4 - 7 Punkte:
Sie haben durchschnittliche Sinn-Probleme und sollten Ihre persönlichen Werte und Ziele regelmäßig überprüfen und Ihre Tagesaktivitäten daran ausrichten.

---

0 - 3 Punkte:
Sie haben vermutlich grundlegende Sinn-Probleme. Sie sollten sich über Ihr Leben, Ihre Wertvorstellungen und Ihre Zukunft ernsthafte Gedanken machen und konkrete Zielvorstellungen fixieren. Dabei unbedingt „schriftlich" denken und arbeiten.

3. Der Weg: WIE fange ich an?

IHRE WERTE-CHECKLISTE:

1. Erstellen Sie eine LISTE DER WERTE, die für Sie höchste Priorität haben (zum Beispiel: Ehrlichkeit, Familienleben, Selbstverwirklichung, Kreativität, Emanzipation von Autoritäten, Unabhängigkeit):

_____

_____

2. Beschreiben Sie, was jeder Wert für Sie BEDEUTET (zum Beispiel: „Familienleben": Meine Familie lieben. Vertrauensvolle Beziehung zu allen Mitgliedern stärken. Genügend hochwertige Zeit mit ihnen verbringen und sie optimal fördern):

_____

_____

3. Bilden Sie eine RANGFOLGE Ihrer Werte.

Fragen, die Ihnen dabei helfen können, wären:

a) Welchen Wert schätze ich am meisten?

b) Welche Werte haben den höchsten Nutzen für mich, meine
    Familie, meine Freunde und/oder mein Unternehmen?

c) Wenn ich mein Leben nur an zwei bis drei Werten orientieren
    könnte, welche würden das sein?

_____

_____

_____

_____

4. Überprüfen Sie hinsichtlich Ihrer Werte Ihr VERHALTEN während der vergangenen Wochen (zum Beispiel: Bei „Familiebenleben" könnten Sie sich fragen: „Habe ich hochwertige Zeit mit meiner Familie verbracht? Habe ich mir Zeit für Zärtlichkeit genommen?").

VERÄNDERUNGEN sollten in den Bereichen angestrebt werden, in denen Verhalten und Werte am weitesten auseinander klaffen.

_____

_____

5. Bringen Sie Ihr Verhalten mit Ihren Wertvorstellungen in ÜBEREINSTIMMUNG.

_____

_____

4. Aktion: WAS setze ich um?

Nehmen Sie sich einige Momente Zeit, Ihre Vereinbarungen mit sich selbst zu stärken. Halten Sie schriftlich fest, was Sie konkret tun werden.

1. Welche VERÄNDERUNGEN werden Sie konkret vornehmen, um Verhalten und Werte in Einklang zu bringen? Wählen Sie pro Tag mindestens eine Veränderung aus!

_____

_____

_____

_____

_____

_____

_____

2. Was werden Sie tun, um für diese Maßnahmen ZEIT zu schaffen?

_____

_____

_____

_____

_____

3. Welche inneren und/oder äußeren WIDERSTÄNDE könnten
   Sie daran hindern, die Maßnahmen umzusetzen?

_____

_____

_____

_____

_____

_____

4. Wie UNTERSTÜTZEN Sie sich, es dennoch zu tun?

_____

_____

_____

_____

_____

_____

_____

5. Wann machen Sie den ERSTEN SCHRITT?

_____

_____

_____

_____

_____

_____

Aufschieberitis – kein Problem!

„Wenn nicht jetzt – wann dann?"
Talmud

Gute Vorsätze in die Tat umzusetzen, erfordert neues, UNGEWOHN-TES VERHALTEN. Wir werden damit gezwungen, unsere „KOMFORT-ZONE" zu verlassen. In ihr kennen wir uns aus, fühlen uns sicher – selbst wenn wir genau wissen, dass unsere alten Gewohnheiten nicht mehr zuträglich und für uns vorteilhaft sind.

Verlassen wir diese Zone, fühlen wir uns häufig unwohl: Neues Verhalten löst ÄNGSTE vor dem Unbekannten aus. Deswegen neigen wir dazu, den Status quo zu erhalten oder schnellstmöglich wieder herzustellen. Erst wenn wir den MUT haben, die Grenzen unserer Komfortzone neu zu zie-hen, sind persönliches Wachstum und Weiterentwicklung möglich. Schuldgefühle, Ängste und Aufregung über Termindruck sind oft das Resultat von DINGEN, die wir VOR UNS HERSCHIEBEN.

Selbsttest: Wie hoch ist Ihr „Aufschieberitis-Quotient"?

		fast immer	öfter	fast nie
1.	Ich erfinde Gründe und suche nach ENTSCHULDIGUNGEN, um Verhaltensänderungen aufzuschieben.	❏	❏	❏
2.	Ich brauche DRUCK, um neues Verhalten in die Praxis umzusetzen.	❏	❏	❏
3.	Ich habe einfach KEINE ZEIT mich allen Lebensbereichen zu widmen.	❏	❏	❏
4.	Ich vermeide klare Antworten, wenn ich um UNANGENEHME ENTSCHEIDUNGEN gebeten werde.	❏	❏	❏
5.	Ich nehme ARBEIT MIT NACH HAUSE, um sie abends oder am Wochenende zu erledigen.	❏	❏	❏
6.	Nach Arbeitsende bin ich zu MÜDE oder zu GESTRESST, um mich anderen Lebensbereichen zu widmen.	❏	❏	❏
7.	Für Gesundheit, zwischenmenschliche Kontakte oder die Beschäftigung mit der Frage nach dem Sinn habe ich KEINE messbaren ZIELE.	❏	❏	❏
8.	Ich habe schon MEHRERE ANLÄUFE zu Verhaltensänderungen genommen.	❏	❏	❏
9.	Ich muss erst ALLES VOM TISCH wegarbeiten, um eine wichtige Aufgabe anzufangen.	❏	❏	❏
10.	Ich vermeide es, mir ENDTERMINE zu setzen.	❏	❏	❏
	Teilsummen:			
		x 3	x 2	x 1

Mein Gesamtwert: _____ **Punkte**

AUSWERTUNG:

1. Addieren Sie alle Kreuze in den einzelnen Spalten.

2. Multiplizieren Sie die Spaltenergebnisse mit „3" bei „fast immer", mit „2" bei „öfter" und mit „1" bei „fast nie".

3. Addieren Sie die Ergebnisse zu Ihrem persönlichen Aufschieberitis-Quotienten „A.Q.".

ERGEBNIS:

Beträgt Ihr „A.Q.":

• *10 - 15: haben Sie im Allgemeinen* **keine** *Aufschieberitis-Probleme,*

• *16 - 22: haben Sie* **durchschnittliche** *Aufschieberitis-Probleme,*

• *23 - 30: haben Sie wahrscheinlich* **ernsthafte** *Aufschieberitis-Probleme.*

Schluss mit AUFSCHIEBERITIS! Packen Sie Unangenehmes zuerst an!

Selbstdisziplin und Konsequenz sind der Schlüssel zum Erfolg.

BELOHNEN Sie sich nach jedem erreichten Zwischenschritt – viel Spaß!

Südsee-Story

(frei nach Heinrich Böll)

Ein völlig überarbeiteter, total gestresster Manager wurde von seinem Hausarzt zur Erholung auf eine Südseeinsel geschickt. Nach zwei- bis dreimal Ausschlafen ging es unserem Manager schon wieder ganz gut, und es wurde ihm langweilig, weil Aufgaben und Herausforderungen fehlten. Leider waren durch einen Hurrikan alle Kommunikationsverbindungen zum Festland unterbrochen, sodass er weder mit seinem Büro telefonieren oder faxen, noch seine E-Mails abrufen konnte, und auch das Handy funktionierte nicht.

Also tigerte der Manager unruhig über die Insel, um eine neue Betätigung zu suchen. Er erblickte einen Fischer, der schlafend und untätig im Sand lag, rüttelte ihn wach und sagte: „Mann, du kannst doch hier nicht so faul herumliegen, ich bin ein erfolgreicher Manager und nehme mich jetzt deiner an!" Der überraschte Fischer vermochte zunächst gar nicht zu antworten.

„Was bist du? Was kannst du?", fragte sogleich der Manager. – „Ein einfacher Fischer mit einem Boot", war die Antwort. „Dann musst du doch sofort rausfahren, um Fische zu fangen!", forderte der Manager. – „Das habe ich heute Morgen doch schon gemacht und meinen Tagesbedarf gefangen", antwortete der Fischer.

„Das ist kein echtes Unternehmertum", rügte der Manager: „Du musst noch ein zweites, drittes, viertes Mal herausfahren, um noch mehr Fische zu fangen, und die bringst du zum Markt, um sie zu verkaufen." – „Ja und dann?", fragte der Fischer.

„Wenn du das einige Zeit gemacht hast, wirst du genügend Geldmittel gespart haben, um einen Investitionskredit für ein zweites Boot zu beantragen", sagte der Manager mit motivierender Stimme. – „Ja und dann?", fragte der Fischer.

„Dann kaufst du dir mit diesem Kredit ein zweites Boot, lässt damit deinen Schwager rausfahren, der wohl auch so faul herumliegt, und von dem zusätzlich gefangenen Fisch gibst du ihm etwas ab – aber ja nicht viel!", warnte der Manager. – „Ja und dann?", fragte der Fischer.

„Dann kannst du einen zweiten, dritten, vierten Investitionskredit aufnehmen und weitere Boote anschaffen und noch höhere Umsätze erwirtschaften", frohlockte der Manager. – „Ja und dann?", fragte der Fischer und so ging der Dialog immer weiter.

Der Manager begeisterte sich immer mehr für seinen Businessplan, sodass in seiner Vision schließlich ein ganzer internationaler Konzern konzipiert wurde, mit Fischfabriken, Flottenverbund und Franchising. – Und der Fischer fragte immer nur: „Ja und dann?"

„Und wenn du das alles gemacht hast, garantiere ich dir, kannst du alles kapitalisieren, nämlich an die Börse gehen und als Aktien verkaufen – und dann, Junge, hast du es geschafft! Bis dahin musst du aber viel und hart und schwer arbeiten! Dann kannst du dich zurückziehen, in die Südsee fahren, in den Sand legen und brauchst nichts mehr zu tun ...", sprach der Manager.

„Ja das habe ich doch jetzt auch schon ...", antwortete der Fischer und drehte sich zufrieden zur Seite.

HINWEIS:

Weitere

Informationen,

Artikel zum

Downloaden,

Checklisten,

Tests und

Videoclips zum

Anschauen

finden Sie auf

unserer website

www.seiwert.de

Lothar J.

Seiwert

ANHANG

Literatur-Empfehlungen

Küstenmacher, Werner Tiki, mit Seiwert, Lothar J.:

SIMPLIFY YOUR LIFE. Einfacher und glücklicher leben.

5. Aufl. Frankfurt und New York: Campus, 2002

(Die sieben Wege zu einem Leben ohne Ballast; einfache

Techniken, sofort umsetzbare Tipps, schöne Cartoons).

Seiwert, Lothar J.: DAS BUMERANG-PRINZIP –

LEBENSKUNST ZWISCHEN MUSS UND MUßE.

Finden Sie Ihre Balance zwischen Faulheit und Erfolg.

München: GU-Verlag, Herbst 2002

(Neuer, motivierender Ratgeber, wie Sie mehr Freiräume

für Glück und Lebensqualität gewinnen, 4-farbig).

Seiwert, Lothar J.: DAS NEUE 1 X 1 DES ZEITMANAGEMENT.

Zeit im Griff, Ziele in Balance, Erfolg mit Methode.

24. Aufl. München: GU-Verlag, 2002

(Zeitmanagement-Kurs in Buchform, 4-farbig, über 1 Mio. Ex.).

Seiwert, Lothar J.: LIFE-LEADERSHIP.

Sinnvolles Selbstmanagement für ein Leben in Balance.

2. Aufl. Frankfurt und New York: Campus, 2002

(Weg von einem ge-füllten – hin zu einem er-füllten Leben).

Seiwert, Lothar J.: MEHR ZEIT FÜR DAS WESENTLICHE.

20. Aufl. München: Moderne Industrie, 2002

(der „Klassiker" unter den Zeitmanagement-Lehrbüchern).

Seiwert, Lothar J.: WENN DU ES EILIG HAST, GEHE LANGSAM.

Das neue Zeitmanagement in einer beschleunigten Welt.

Sieben Schritte zur Zeitsouveränität und Effektivität.

7. Aufl. Frankfurt und New York: Campus, 2001

(u.a. Erarbeitung der persönlichen Lebensvision und -ziele).

Seiwert, Lothar J. und Gay, Friedbert: DAS 1 X 1 DER PERSÖN-

LICHKEIT. Sich selbst und andere besser verstehen mit dem

DISG-Persönlichkeits-Modell. 8. Aufl. Offenbach: GABAL, 2001

(praktische Tipps zu Zeit-/Selbstmanagement und Persönlichkeit).

Seiwert, Lothar J. und Kammerer, Doro: ENDLICH ZEIT FÜR

MICH! Wie Frauen mit Zeitmanagement Arbeit und Privatleben

unter einen Hut bringen. 2. Aufl. Landsberg: mvg-Verlag, 2000

(Neuer Zeit-Ratgeber speziell für Frauen im Dauerstress…).

Informations- und Beratungsdienste

ORG: Der persönliche Organisations-Berater. Das Beratungs-

Programm zu allen relevanten Fragen der Büro-Organisation,

des Zeitmanagements und des Selbst-Managements. *Loseblatt-*

*Zeitschrift.*Bonn: VNR Verlag für die deutsche Wirtschaft, 2000 ff.

Simplify Your Life. Einfacher und glücklicher leben.

Monatlicher persönlicher Beratungsdienst.

Bonn: VNR Verlag für die deutsche Wirtschaft, 1999 ff.

Smart Working. Gelassenheit durch gute Organisation.

Monatlicher persönlicher Organisationsbrief.

Bonn: VNR Verlag für die deutsche Wirtschaft, 2000 ff.

Lothar J. Seiwert-Brief: WORK-LIFE-COACHING – für ein

Leben in Balance. *Monatlicher Beratungs- und Trainingsbrief.*

München: Aktuell Verlag im Olzog Verlag, 2000 ff.

*www.
org-online.de*

www.simplify.de

*www.
smart-working.
de*

*www.
coaching-briefe.
de*